JOHN LOCKE

Un filósofo en la vanguardia

Por Benoît Lefèvre
Traducido por Marina Martín Serra

JOHN LOCKE 1

BIOGRAFÍA 3

Un gusto por el saber
Los inicios de un combate político
Estancias formadoras en el extranjero
Los últimos años

CONTEXTO 8

La Inglaterra en el siglo XVII
El surgimiento del Parlamento
Los primeros pasos de la democracia parlamentaria

LAS TEORÍAS POLÍTICAS DE JOHN LOCKE 16

Una *tabula rasa* como punto de partida
El estado de naturaleza y el estado civil

LA PROPIEDAD Y LA CAPITALIZACIÓN DE LAS MER-CANCÍAS 22

La *Carta sobre la tolerancia* o la separación de la Iglesia y del Estado
Los *Dos tratados sobre el gobierno civil* o la separación de los poderes
El *Ensayo sobre el entendimiento humano* o el nacimiento de las ideas

REPERCUSIONES 30

Empirismo *versus* esencialismo
El liberalismo económico

La influencia de John Locke en los Estados Unidos
Una filosofía que la Ilustración recupera

EN RESUMEN 35

PARA IR MÁS ALLÁ 38

JOHN LOCKE

- **¿Nacimiento?** El 29 de agosto de 1632 en Wrington (condado de Somerset, Inglaterra).
- **¿Muerte?** El 28 de octubre de 1704 en Oates (condado de Essex, Inglaterra).
- **¿Contexto?** La Revolución inglesa y las guerras civiles (1642-1689).
- **¿Principales aportaciones?**
  - El empirismo.
  - La teoría del contrato social.
  - El liberalismo.
  - La separación de la Iglesia y del Estado.
  - La distinción de los tres poderes (ejecutivo, legislativo y federal).

John Locke, filósofo y científico, frecuenta a los sabios ingleses más relevantes del siglo XVII. Con todo, Locke dedica la mayor parte de su tiempo a sus reflexiones en materia de filosofía política, a las que debe su gran fama.

Inspirándose en los trabajos de sus predecesores, como Thomas Hobbes (filósofo inglés, 1588-1679) y René Descartes (físico y filósofo francés, 1596-1650), John Locke elabora todas sus reflexiones partiendo del empirismo. Desarrolla una filosofía según la cual los sentidos y la experiencia se encuentran tras el origen de todos los conocimientos del mundo. Así pues, solamente en base de este empirismo el ser humano puede desarrollar —en un segundo tiempo— su razón que, por su parte, permite comprender ideas complejas.

Además, la agitación política y religiosa que marca su época y que vive de cerca lo conduce a contemplar una nueva concepción del poder, que sería ejercido por y para el pueblo. Asimismo, promueve la separación de la Iglesia y del Estado, así como la tolerancia religiosa. Sus reflexiones se elaboran con el tiempo, y publica sus principales obras, por decirlo así, una tras otra: *Carta sobre la tolerancia* (1689), sus *Dos tratados sobre el gobierno civil* (1689) y su *Ensayo sobre el entendimiento humano* (1690). Así, John Locke desarrolla un pensamiento cuya influencia solo se puede igualar con la de Platón (filósofo griego, 427-348/347 a. C.) y que todavía hoy constituye la base de nuestros sistemas políticos y del liberalismo.

BIOGRAFÍA

Retrato de John Locke.

UN GUSTO POR EL SABER

John Locke nace el 29 de agosto de 1632 en Wrington, cerca de Bristol, y allí pasa su infancia. Su familia, puritana y protestante, pertenece a la pequeña nobleza. Su padre es abogado y posee algunas tierras, y su abuelo es comerciante de tejidos. La educación que recibe Locke es estricta y austera. En 1647, entra en la prestigiosa escuela de Westminster, en el centro de Londres, gracias a la influencia de Alexander Popham (político y parlamentario inglés, 1605-1669), que había estado al mando de su padre durante la primera guerra civil (1642-1646). Allí, aprende las lenguas antiguas, como el hebreo, reservado a los mejores alumnos del establecimiento. Sin embargo, no disfruta demasiado de la experiencia.

En 1652 —de nuevo gracias al apoyo de Alexander Popham— Locke obtiene una beca para estudiar en el Christ Church de la Universidad de Oxford, con el objetivo de convertirse en pastor. Sin embargo, no le gusta la enseñanza que recibe allí y le nace una pasión sobre todo por las nuevas ciencias, como la física, la astrofísica o incluso las matemáticas. No obstante, lo que despierta más su interés es la medicina, una materia que a partir de entonces empieza a estudiar asiduamente. John Locke resulta ser un verdadero intelectual con curiosidad, y durante su vida se concentrará con más entusiasmo en el estudio que en cualquier otra cosa.

Durante la primera mitad de los años 1660, ejerce el cargo de profesor en la Church School: enseña griego, retórica y filosofía moral.

LOS INICIOS DE UN COMBATE POLÍTICO

Mientras tanto, en 1659, redacta una carta en la que protesta contra una tolerancia religiosa demasiado amplia y se rebela contra los católicos, que obedecen a la vez a la Iglesia y al Estado. Sin embargo, cambiará de opinión después de un viaje diplomático que inicia a finales de 1665 en el Estado de Brandeburgo (en la actual Alemania), en el que observa que la mezcla pacífica de cultos no solo es factible, sino que también es algo beneficioso.

En 1666, entra en contacto con Lord Anthony Ashley Cooper (1621-1683), nombrado conde de Shaftesbury en 1672, y se convierte en un íntimo amigo suyo. A partir de 1667 Locke ejerce para él el papel de médico personal y asesor político. Lord Ashley, que es canciller del rey de Inglaterra, Carlos II (1630-1685), se opone vivamente a la política que lleva a cabo el monarca. Según Ashley, la persecución religiosa divide la nación, conduce a la emigración y perjudica el comercio. Locke presta atención a estas ideas y, a petición de su mentor, redacta su *Ensayo sobre la tolerancia* (1667), una especie de esbozo de su futura *Carta sobre la tolerancia*. Así, inicia sus reflexiones sobre cuestiones políticas y religiosas que atormentan a Inglaterra y publica escritos con los que protesta contra la predominancia de la religión. Asimismo, entra en contacto con teólogos que defienden la libertad de culto y que moldearán sus ideas.

ESTANCIAS FORMADORAS EN EL EXTRANJERO

John Locke realiza dos estancias en Francia, principalmente por razones de salud. De hecho, tiene problemas en los pulmones: probablemente padece de asma y bronquitis crónicas. Estos viajes le ofrecen la oportunidad de abrirse a los debates filosóficos que tienen lugar en el país.

De regreso a Inglaterra, vuelve a Oxford, donde estudia Filosofía, Ciencia Política y Medicina. Poco después, el rey lo hace vigilar, ya que sospecha que su amigo Ashley lo quiere derrocar. Sus temores resultan justificados: Ashley fomenta un golpe de Estado con el fin de cambiar el orden de sucesión al trono y de excluir al futuro rey Jacobo II (1633-1701). Pero la trama finalmente es descubierta y Ashley es condenado al exilio en 1683. Aunque no se le puede reprochar nada, John Locke sigue temiendo represalias y en 1684 decide exiliarse de forma preventiva en las Provincias Unidas (los actuales Países Bajos). Allí, admira el nivel de libertad y descubre las ventajas de la tolerancia religiosa, que tendrá una gran influencia en sus reflexiones filosóficas. Vive bajo una identidad falsa, ya que recientemente Jacobo II ha ordenado su extradición.

LOS ÚLTIMOS AÑOS

Locke no vuelve a Inglaterra hasta febrero de 1689, cuando la monarquía parlamentaria ya se ha establecido. Se convierte en comisario real, es decir, en ministro, y está principalmente a cargo de asuntos religiosos, políticos y económicos. Ejerce esta función durante poco tiempo, prefiriendo dedicarse por completo a sus reflexiones filosóficas. Pero, a partir de 1691, su salud se va deteriorando progresivamente. Entonces, deja la escena política y se retira a Oates (al noreste de Londres) para pasar los últimos años de su vida. Durante el verano de 1704, su estado empeora considerablemente. El 28 de octubre de 1704 fallece, sentado en su despacho, y tres días después es enterrado en High Laver, en el cementerio de la iglesia parroquial.

CONTEXTO

LA INGLATERRA EN EL SIGLO XVII

Hasta finales del siglo XVII, Inglaterra todavía no ocupa el lugar preponderante que tendrá a continuación en la escena internacional, aunque ya cuenta con grandes nombres, como William Shakespeare (dramaturgo inglés, 1564-1616) y Francis Bacon (estadista y filósofo inglés, 1561-1626). Ya sea en el plano económico o intelectual, las naciones continentales, empezando por Portugal, España, Francia y, sobre todo, las Provincias Unidas, entonces en plena emergencia, dominan Inglaterra. El reino insular, sin embargo, también experimenta el desarrollo de una élite científica a partir del último tercio del siglo. En 1662, se crea la Royal Society, destinada a promover las ciencias, y John Locke entrará en ella algunos años después. En 1676, nace el Observatorio de Greenwich. En 1682, Edmond Halley (astrónomo y físico inglés, 1656-1742) estudia un cometa que ya se había observado en 1531 y 1607, y pronostica que volverá en 1757 o 1758. Cuatro años más tarde, Isaac Newton (físico, astrónomo y matemático inglés, 1642-1727) publica su teoría de la gravitación universal en sus *Principios matemáticos de la filosofía natural* (1687).

El contexto religioso también está en plena efervescencia. En Inglaterra, el jefe de la Iglesia no es el papa, sino el rey, desde el cisma acontecido bajo su impulso: en 1527, el rey Enrique VIII (1491-1547) le había pedido al papa que anulara su matrimonio con Catalina de Aragón (1485-1536), ya que la mujer no le daba un heredero masculino. Ante la negación del papa, Enrique VIII se separó de la Iglesia católica en 1531 y fundó la Iglesia anglicana, de la que se autoproclamó jefe supremo. Desde entonces, la religión se ha visto sometida al Estado. Al tiempo que conserva elementos del culto católico (jerarquización de la Iglesia, culto de los santos, etc.), los sucesores de Enrique VIII progresivamente integran en el anglicanismo prácticas protestantes (abandono del celibato de los pastores y de algunos sacramentos, simplificación del acceso a las escrituras sagradas, entre otras).

EL SURGIMIENTO DEL PARLAMENTO

En la Edad Media, la relación feudal entre el soberano y su vasallo obliga al primero a consultar al segundo para obtener su opinión, en especial sobre los asuntos financieros. Con este objetivo, el rey convoca a sus vasallos en una asamblea consultiva. Progresivamente, esta se transforma en Parlamento, una institución que se estabiliza en los siglos XV y XVI.

A principios del siglo XVII, el rey Jacobo I (1566-1625) entra en conflicto con el Parlamento inglés en varios ámbitos. El monarca, que a la vez ostenta el cargo de rey de Inglaterra y de Escocia, quiere fusionar ambos territorios para que pasen a formar una única entidad, una aspiración que los Parlamentos escocés e inglés rechazan por completo. Con todo, Jacobo I —como monarca absoluto por derecho divino que es— se niega a aceptar esta resistencia.

Retrato de Jacobo I.

LA MONARQUÍA ABSOLUTA POR DERECHO DIVINO

Durante la Edad Media y los tiempos modernos, Europa está dominada por monarcas absolutos por derecho divino. Esto significa que ostentan todos los poderes sobre sus súbditos, o por lo menos una gran parte de ellos. En esta época, coexistían dos tipos de poderes: el poder espiritual, en manos de los dirigentes religiosos, y el poder temporal, encarnado por los soberanos. Este último es legítimo, ya que sigue la voluntad de Dios, algo que también confiere a los monarcas una forma de poder espiritual.

En paralelo a esto, Jacobo I firma la paz con España. Hasta ese momento la piratería contra ese país era habitual y estaba autorizada, y el saqueo de los navíos españoles que comerciaban con las colonias representaba una fuente de ingresos considerable. Por ello, la decisión no agrada al Parlamento, que se niega a dar su aval —que, sin embargo, es necesario para la recaudación de impuestos—.

Estas tensiones no desaparecen durante el reinado de su sucesor, Carlos I (1600-1649). De hecho, en 1629 este último decide instaurar un nuevo impuesto sin consultar al Parlamento. Durante la década de 1640, los acontecimientos desembocan en una guerra civil que enfrenta a los realistas —que defienden que el rey ostente un poder fuerte— contra los parlamentaristas, dirigidos por Oliver Cromwell (1599-1658) —que están a favor de una disminución del poder del monarca en favor de un Parlamento representativo del pueblo—.

En 1649, el Parlamento inglés decide instaurar un proceso conocido como *Impeachment* contra Carlos I, que consiste en principio en juzgar a colaboradores cercanos del rey. El hecho de que se aplique a la persona real provoca fuertes reacciones en Europa —donde impera la monarquía absoluta por derecho divino—, ya que comporta erigirse contra la voluntad de Dios.

Pero nada impide que se inicie el proceso. Después de la ejecución de Carlos I, el 30 de enero de 1649, Oliver Cromwell —autoproclamado lord protector de la Commonwealth— abole la monarquía, instaura una república y establece una constitución escrita en 1653. Entonces surge una política muy autoritaria e intolerante con los católicos. Cromwell reina como soberano e incluso nombra a su hijo como sucesor. Esto es la gota que colma el vaso para el Parlamento, que se separa de él y restaura la monarquía en 1662, llamando al trono al legítimo heredero del rey, Carlos II.

A pesar de la restauración de la monarquía, las tensiones

persisten. La familia real sigue irritada con el Parlamento, ya que lo considera el responsable de la muerte de Jacobo I, y con los anglicanos, que han perseguido a los católicos.

LOS PRIMEROS PASOS DE LA DEMOCRACIA PARLAMENTARIA

De nuevo, el Parlamento sale ganando en su confrontación con la monarquía: tras la Revolución Gloriosa (1688-1689), promulga la Bill of Rights con el objetivo de que Jacobo II —que ha sucedido a su hermano Carlos II— abdique a favor de su hija María II Estuardo (1662-1694). Esta última cuenta con la confianza del Parlamento, ya que está casada con un protestante, Guillermo III de Orange (1650-1702), que al mismo tiempo tiene el apoyo de John Locke. Mediante la firma de este texto en febrero de 1689, el matrimonio accede al trono. La Bill of Rights, extremadamente importante, establece principios que contemplan la instauración de un nuevo régimen, la democracia parlamentaria, que reconoce al pueblo algunos derechos fundamentales, limita el poder real y exige el consentimiento del Parlamento para que el rey pueda imponer contribuciones. Se asemeja a un verdadero contrato entre el soberano y el Parlamento, que representa al pueblo que lo ha elegido. Asimismo, se inspira indudablemente en las ideas promovidas por John Locke en sus *Dos tratados sobre el gobierno civil*.

Grabado del siglo XVIII de Guillermo III y María II, que reciben la Bill of Rights.

Este largo periodo de agitación que vive Inglaterra durante el siglo XVII es propicio para el desarrollo de reflexiones políticas. En efecto, muchos pensadores intentan elaborar teorías para implementar una nueva forma de poder en la que el pueblo ya no estaría sometido al absolutismo de un rey con una legitimidad procedente de la voluntad divina. Thomas Hobbes es un buen ejemplo de ello.

En 1651, Hobbes redacta el *Leviathan*, en el que compara la monarquía con una criatura bíblica con varias cabezas, y que únicamente puede sobrevivir si solo una de ellas toma las decisiones. El rey encarna esta cabeza pensante, que no saca su legitimidad de Dios, sino de la transmisión de los poderes de los otros. Según Hobbes, esta delegación es definitiva e irreversible. Así, incluso si el rey lleva a cabo una política que se considera mala, no puede ser derrocado. John Locke intentará limitar este poder absoluto definido por su predecesor.

LAS TEORÍAS POLÍTICAS DE JOHN LOCKE

UNA *TABULA RASA* COMO PUNTO DE PARTIDA

John Locke establece un principio según el cual la mente del ser humano se asemeja a una hoja en blanco, desprovista de cualquier idea preconcebida. Esta *tabula rasa* se va rellenando progresivamente gracias a la experiencia, que procede de dos fuentes: o bien es percibida por los sentidos, o bien es concebida por la reflexión y, por lo tanto, por la mente humana.

Partiendo de este principio, John Locke intenta concebir un nuevo sistema político que colocaría al pueblo en una posición destacada. Así, al igual que Thomas Hobbes, establece una teoría construida sobre la sucesión de dos estados distintos de la sociedad.

EL ESTADO DE NATURALEZA Y EL ESTADO CIVIL

John Locke se inspira en las teorías establecidas por algunos neerlandeses —en particular en las de Hugo el Grande, llamado Grocio (1583-1645)—, que estudia durante su exilio en las Provincias Unidas durante los años 1680. John Locke considera que los hombres viven en el origen en un estado de naturaleza, es decir, en una comunidad que todavía no está organizada por un poder político. Viven en un estado de libertad e igualdad, de valor y de derecho, que Dios les ha dado, del mismo modo que les ha ofrecido todo lo que contiene la Tierra. Para Hobbes, esto conduce a la ausencia total de reglas y a un estado de guerra permanente en el que cada uno busca conservar su vida a expensas de la de los otros. John Locke, al contrario, es partidario de una tesis elaborada por Grocio según la cual una ley moral natural se impone a los hombres y constituye el único límite de su existencia.

Retrato de Hugo de Grocio, de 1631.

El derecho de propiedad, en sentido amplio, constituye el elemento esencial de este derecho natural. Debe aplicarse a todos, sin distinción alguna. Cada uno es propietario a título individual de su cuerpo y de lo que le asegura su preservación, es decir, de lo que obtiene por medio del trabajo. Así pues, tiene el derecho de proteger su existencia, su libertad y sus bienes personales, con la condición de respetar la existencia de los demás. No obstante, el problema reside en este último punto. Cada uno puede castigar al que le perjudica y, de este modo, violar esta ley natural, algo que no deja de plantear problemas. En efecto, a causa del amor propio que mueve a cada uno, los hombres se muestran parciales, actuando siempre por su propio bien o por el de sus allegados. Así pues, en este estado de naturaleza reina una fuerte inseguridad, ya que no existe ninguna instancia para juzgar de forma imparcial el hecho de no respetar el derecho natural de cada uno.

LA PROPIEDAD

El término «propiedad» procede del latín *proprietas*, que designa un «carácter propio, carácter específico» (Zona tórrida 1971, 52). John Locke concibe la noción de propiedad en un sentido muy amplio. Así, según el filósofo inglés, el hombre es dueño de su persona y de su vida, como puede serlo de cualquier objeto. En efecto, saca su identidad, su carácter específico, de lo que posee, es decir, su consciencia, sus sensaciones corporales, sus ideas, su memoria, etc.

Para calmar esta inseguridad, los individuos eligen implícitamente ponerse de acuerdo a través de un contrato social para constituirse en una sociedad y pasar al estado civil. Este pacto tiene que concluirse de forma libre; nadie puede verse obligado a salir del estado de naturaleza. Al aprobarlo, cada uno renuncia de algún modo a sus prerrogativas para delegarlas a una instancia civil considerada más imparcial y más eficaz. Para lograrlo, el conjunto de individuos que forman esta comunidad política instaura, mediante la celebración de elecciones, un poder político encargado de defender la propiedad y los distintos derechos de cada uno. Así pues, los mandatarios se encargan, por una parte, de establecer las leyes que protegerán a los individuos y, por otra, de utilizar la fuerza necesaria para castigar a aquellos que ponen en peligro a la sociedad, transgrediendo las reglas. Las penas que derivan de ello pueden comportar la muerte. La idea es que las decisiones adoptadas por los mandatarios son las de cada individuo, ya que ellos son sus representantes.

Así, el Parlamento ostenta el poder legislativo, mientras que el ejecutivo está en manos del monarca. John Locke innova en este punto sentando las bases de la idea de separación de poderes. No obstante, como fuente única del poder político, el pueblo posee un derecho de resistencia que puede ejercer si sus gobernantes abusaran de los poderes que les han sido conferidos. Así, el pueblo puede derrocar al Gobierno por la fuerza e instaurar un nuevo régimen. En concreto, en el caso de Inglaterra, este derecho de resistencia puede aplicarse:

- si el rey utiliza la arbitrariedad en detrimento de las leyes;
- si prohíbe a la Asamblea Legislativa que ejerza su poder

en total libertad;
* si impide al pueblo que elija uno o varios representantes;
* si el rey o el Parlamento sitúa al pueblo bajo el control de una potencia extranjera;
* si uno de los dos poderes actúa en detrimento de su papel de protección de la propiedad de cada uno;
* si el Ejecutivo resulta incapaz de hacer que se respeten las leyes.

Por consiguiente, John Locke osa dar legitimidad a una forma de rebelión, según unas circunstancias muy precisas. Así, se desmarca de sus predecesores, que siempre se mostraron desconfiados hacia todo lo que podría desestabilizar el orden social. Incluso Voltaire (1694-1778) y Jean-Jacques Rousseau (1712-1778), para los que John Locke constituye una gran inspiración, no serán tan osados.

LA PROPIEDAD Y LA CAPITALIZACIÓN DE LAS MERCANCÍAS

Como hemos visto, la propiedad es un elemento fundamental del pensamiento de Locke. El hombre se apropia de sus bienes a través del trabajo. De ello se desprende que la propiedad privada se impone sobre la propiedad colectiva. Sobre todo porque, entre los bienes utilizados, los que proceden directamente de la naturaleza ocupan un espacio reducido en comparación con los producidos por el hombre. Por lo tanto, el trabajo es lo que crea la mayor parte de las riquezas, que a su vez pertenecen a propietarios privados. Esta apropiación de los bienes sigue siendo legítima si los excedentes se redistribuyen, de una manera u otra, a un tercero, para ayudarlo a satisfacer sus necesidades. Pero, según Locke, lo normal es que, si los ricos dan el fruto de su trabajo al prójimo, obtengan una compensación, y de ahí proviene su interés en un intercambio.

De este modo, Locke justifica la necesidad de la moneda, un objeto en sí inútil para la vida, a diferencia de la ropa o la comida. Al contrario de los alimentos, la moneda no perece, por lo que el hombre puede guardarla el tiempo que quiera sin que se deteriore. Por consiguiente, puede acumular más de la necesaria. Además, algunos no dudan en apropiarse de ella de manera desproporcionada, lo que crea grandes desigualdades entre los individuos. Con este pensamiento, John Locke resume muy brevemente la historia del capitalismo. Esta teoría será más ampliamente desarrollada por Thomas Robert Malthus (economista británico, 1766-1834) durante el siglo siguiente.

Por otra parte, en la época de Locke, se cree que la tierra es lo suficientemente extensa para que todos los humanos puedan adueñarse de una parcela y cultivarla para alimentarse. Así pues, en caso de necesidad solo hay que desplazarse. Este sentimiento se ve reforzado por la colonización de América del Norte, que ofrece tierras muy vastas sin explotar. John Locke, sin embargo, hace que esta idea de abundancia eterna se tambalee, constatando el desarrollo progresivo de la población y los progresos de la industria, que inducen necesidades cada vez más importantes.

LA *CARTA SOBRE LA TOLERANCIA* O LA SEPARACIÓN DE LA IGLESIA Y DEL ESTADO

A

LETTER

CONCERNING

Toleration:

Humbly Submitted, &c.

LICENSED, *Octob.* 3. 1689.

LONDON,

Printed for *Awnſham Churchill*, at the *Black Swan* at *Amen-Corner.* 1689.

Primera página de la primera edición de la *Carta sobre la tolerancia*.

Locke, basándose en su *Ensayo sobre la tolerancia* escrito en 1667, escribe la *Carta sobre la tolerancia* (1689), que constituirá una obra de referencia sobre la cuestión de la separación de la Iglesia y del Estado. No es casualidad que empiece a redactar esta obra en 1685, durante su exilio en las Provincias Unidas. Ese mismo año, Luis XIV (1638-1715) revoca el Edicto de Nantes, que hasta entonces permitía que los protestantes practicaran su culto en Francia. Estos se ven abocados al exilio si no renuncian a su religión, y muchos se instalan en las Provincias Unidas. La cuestión de la intolerancia religiosa también afecta a Inglaterra ya que Jacobo II, extremadamente católico, también persigue a los protestantes. Así pues, John Locke se siente especialmente afectado por esta problemática.

Inspirado, entre otros, por el filósofo neerlandés judío Spinoza (1632-1677), Locke elabora una teoría que propone separar la Iglesia y el Estado. Defiende la libertad de cada individuo para ejercer públicamente su culto, puesto que, según él, el Estado no puede intervenir en la fe de los hombres. En efecto, su papel debe limitarse a la preservación de los derechos de cada uno y a la imposición de penas para los que infringen las leyes. La Iglesia, por su parte, se encarga de la salvación de las almas y, por lo tanto, puede amenazar a los contraventores con condenas que surtirán efecto después de la muerte, pero no durante la vida terrestre; en el peor de los casos, puede excomulgar a un individuo de su comunidad de fieles. La verdadera fe, subraya Locke, es demasiado personal e íntima como para verse alterada por la obligación o por cualquier forma de castigo.

LOS *DOS TRATADOS SOBRE EL GOBIERNO CIVIL* O LA SEPARACIÓN DE LOS PODERES

En 1689, John Locke publica anónimamente su principal obra, *Dos tratados sobre el gobierno civil*, en la que desarrolla una reflexión sobre los derechos de los individuos, su libertad, la propiedad y la rebelión. La primera parte se dedica a deconstruir los principios de la monarquía hereditaria de derecho divino. Este texto responde a *Patriarca*, la obra póstuma de Robert Filmer (filósofo inglés, 1588-1653) publicada en 1680, que defiende el absolutismo y apoya que los monarcas son los sucesores de Adán y que sus derechos divinos proceden de los textos bíblicos.

En la segunda parte, John Locke analiza el fundamento de la legitimidad del poder gubernamental. Defiende que los seres humanos no obedecen a un hombre o a un grupo, sino a leyes. Estas no pueden ser arbitrarias y deben asegurar a la vez el bien común y la libertad de cada uno. Así pues, al presentar la idea de separación de los poderes, concibe que el poder supremo es el legislativo. En cuanto al poder ejecutivo, se encarga de implementar los medios para aplicar estas leyes. John Locke distingue un tercer y último poder, el federal, que implica las relaciones exteriores, los asuntos exteriores.

Según Locke, el Gobierno solo encuentra su legitimidad si respeta esta distinción entre los tres poderes.

EL *ENSAYO SOBRE EL ENTENDIMIENTO HUMANO* O EL NACIMIENTO DE LAS IDEAS

En 1690, John Locke publica el *Ensayo sobre el entendimiento humano*, en el que intenta desarrollar un pensamiento justificando la tolerancia religiosa y filosófica.

John Locke, que se opone a todo pensamiento dogmático, está convencido de que las certezas son tan poco frecuentes como limitadas, y lo intenta demostrar en su ensayo. En un primer momento, explica que el entendimiento, es decir, la parte de la mente humana que permite comprender el mundo que nos rodea, transforma en ideas las distintas informaciones que recibe la mente. A partir de estas últimas, establece certezas. No obstante, hay que seguir siendo conscientes del hecho que se pueden producir errores, ya que el entendimiento humano se basa en las percepciones. Por eso, es necesario realizar una distinción entre la naturaleza real de las cosas —lo que son—, es decir, la calidad, y su apariencia —la forma en la que las percibimos, la idea que tenemos de ellas—, es decir, la idea. Se trata de un principio fundamental en el que se basa la filosofía moderna.

John Locke también trata la cuestión de la conciencia de uno mismo. Retoma el principio desarrollado por Descartes del *cogito ergo sum* (pienso, luego existo), según el cual tener pensamientos de los que somos conscientes demuestra que existimos. Sin embargo, Locke lleva la reflexión más allá: según el filósofo inglés, un individuo no piensa todo el tiempo y, por consiguiente, no siempre es consciente, por lo que el hombre solo puede responsabilizarse de los actos que comete de forma consciente. Con una demostración de tal índole, Locke define el ser humano como individualidad y no en relación con un grupo. Por eso, podemos afirmar que está en el origen del individualismo moderno —que no se contenta con definir al hombre como miembro de un grupo social— aun cuando el inconsciente, que encontraremos más tarde con Leibniz (1646-1716) y Sigmund Freud (1856-1939), todavía es un concepto poco desarrollado en su reflexión.

En esta obra, Locke también intenta deconstruir el innatismo, una teoría defendida por Descartes según la cual algunas ideas no son adquiridas, sino que se imponen a la mente humana ya que están presentes desde el nacimiento. Para Locke, el conocimiento se adquiere principalmente a partir de la experiencia del individuo en el mundo que lo rodea. Lleva su reflexión hasta el punto de cuestionarse el innatismo de la existencia de Dios, retomando una teoría de Descartes según la cual las ideas del hombre proceden de Dios, que sirve como referencia.

Retrato de Descartes.

Esta obra cosecha un importante éxito en Europa, en particular gracias a la traducción francesa realizada en 1700 por Pierre Coste (1668-1747), un protestante exiliado en Londres, y a Voltaire, que se inspira en la obra para realizar su análisis de la mente en sus *Cartas filosóficas* (1734).

REPERCUSIONES

EMPIRISMO *VERSUS* ESENCIALISMO

En la época de John Locke, existen dos escuelas que se oponen en lo que se refiere a la forma de conocer el mundo. El método empirista, que Locke elabora, consiste en observar casos particulares para establecer generalizaciones a continuación. Aunque muchos filósofos elogian y adoptan esta filosofía, otros la critican con dureza, ya que prefieren un enfoque opuesto y más tradicional, basado en la esencia de las cosas, es decir, en lo que hace que estas sean lo que son. Es en este caso, se trata de formular hipótesis que explican las causas de los diferentes fenómenos, algo que hizo Descartes.

Leibniz estudia detenidamente el *Ensayo sobre el entendimiento humano* y trata de mantener contacto por correspondencia con John Locke, en vano. Entonces, comienza a escribir en 1703 sus *Nuevos ensayos sobre el entendimiento humano*, que no se publican hasta 1765, mucho después de la muerte de los dos pensadores. Se trata de un diálogo ficticio entre ambos filósofos, que confrontan sus respectivos argumentos y en el que Leibniz, a diferencia de Locke, se muestra a favor de un enfoque esencialista del entendimiento.

EL LIBERALISMO ECONÓMICO

Hoy en día, a menudo concebimos el liberalismo como un concepto económico, pero John Locke da una definición mucho más amplia de él. De hecho, para él el liberalismo significa el deseo de preservar los derechos y las libertades individuales de cada persona. Hoy en día, esta definición ha quedado en desuso, sobre todo debido al filósofo y economista escocés Adam Smith (1723-1790), que desarrolló los aspectos económicos del principio de liberalismo de John Locke. De acuerdo con este, la sociedad existe gracias a un vínculo económico. Los hombres no están unidos por el deseo común de ver los derechos y las libertades individuales salvaguardados como concibe Locke, sino por el intercambio de bienes que necesitan. Así pues, la sociedad se rige por leyes económicas naturales: la oferta y la demanda. Este mercado económico debe funcionar por sí mismo. El Estado, en efecto, solo puede intervenir para garantizar la propiedad privada de los medios ligados a la producción, la libertad de trabajo, la competencia y el libre comercio.

LA INFLUENCIA DE JOHN LOCKE EN LOS ESTADOS UNIDOS

La separación de poderes concebida por John Locke se encuentra en la base de las constituciones de las democracias modernas, empezando por la de los Estados Unidos. Sin lugar a dudas, su influencia es palpable en los primeros años de independencia del joven país, puesto que varios redactores de la Declaración de Independencia (4 de julio de 1776), como Thomas Jefferson (1743-1826), admiraban al filósofo inglés.

Asimismo, el segundo artículo de la declaración retoma algunos principios desarrollados por Locke:

- la igualdad de los hombres, que gozan de derechos naturales inalienables vinculados a la conservación de su vida;
- el consentimiento del pueblo para establecer un Gobierno encargado de garantizar estos derechos;
- el derecho de resistencia.

Este último punto es el que legitima la independencia de los Estados Unidos. En efecto, a partir de 1773, las Trece Colonias estadounidenses que en ese momento pertenecen a Inglaterra se desmarcan del Parlamento británico, en ocasión del Motín del Té, ya que se consideran perjudicadas por su política.

En 1789, la Constitución estadounidense se completa con la American Bill of Rights, que garantiza los derechos y las libertades individuales, sobre todo en materia de propiedad.

UNA FILOSOFÍA QUE LA ILUSTRACIÓN RECUPERA

Las ideas de John Locke inspiran en gran medida a los filósofos franceses de la Ilustración. Los intelectuales de su época aprecian su filosofía empirista —considerada como un modelo de sabiduría— mucho más que la metafísica de Descartes y Leibniz. En 1762, Jean-Jacques Rousseau retoma sus visiones de libertad e igualdad, presentes en el estado natural en su obra *El contrato social*. Montesquieu (1689-1755) también se inspira en el filósofo inglés: en 1748 retoma, en su obra *Del espíritu de las leyes*, los principios de separación de poderes, y distingue el legislativo y el ejecutivo, como lo hizo Locke. Así mismo, también separa el poder judicial —y no federal—. Esta concepción de los tres poderes es la que encontramos hoy en día en todas las democracias modernas.

En 1789, los revolucionarios franceses se inspiran en gran medida en las ideas de John Locke, a través de la Declaración de los Derechos del Hombre y del Ciudadano. Se identifican con Jean-Jacques Rousseau, influenciado a su vez de forma indiscutible por el filósofo inglés. De este modo, los dos primeros artículos recuerdan los principios de derecho natural preconizados un siglo antes por John Locke:

> «Los hombres nacen y permanecen libres e iguales en derechos» (Conseil Constitutionnel, art. 1).
> «La finalidad de cualquier asociación política es la protección de los derechos naturales e imprescriptibles del Hombre. Tales derechos son la libertad, la propiedad, la seguridad y la resistencia a la opresión» (*ib.*, art. 2).

El tercer artículo establece que «[e]l principio de toda Soberanía reside esencialmente en la Nación» (*ib.*, art. 3), algo que recuerda la comunidad civil de John Locke. En cuanto a la ley, debe ser «la expresión de la voluntad general. Todos los Ciudadanos tienen derecho a contribuir a su elaboración, personalmente o a través de sus Representantes» (*ib.*, art. 6). El resto de la declaración repite esencialmente las ideas de John Locke, definiendo los límites de los poderes, en particular los del legislativo, con el fin de evitar cualquier forma de autoritarismo. Esto pone de relieve la importancia de este hombre decididamente moderno.

Declaración de los Derechos del Hombre y del Ciudadano de 1789, cuadro de Jean-Jacques-François Le Barbier.

EN RESUMEN

- Todas las reflexiones filosóficas de John Locke se basan en el empirismo. En efecto, según él, la experiencia del ser humano es lo que constituye la fuente del conocimiento.

- John Locke está muy influenciado por su época. Desarrolla sus teorías filosóficas para dar respuesta a las problemáticas que se presentan entonces en Europa y, más especialmente, en Inglaterra.

- Para aportar respuestas a sus preguntas, se alimenta de su propia experiencia y de las muchas personas que tiene la oportunidad de conocer durante su vida, especialmente en el extranjero, donde descubrirá las ventajas de la tolerancia religiosa, entre otras cosas.

- John Locke está involucrado en un movimiento intelectual doble, muy fecundo durante el último tercio del siglo XVII. Por un lado, forma parte de una oleada científica y política que conducirá a Inglaterra hacia un lugar destacado en la escena internacional. Por otro, responde a una corriente filosófica europea que responde a las problemáticas de la época, y busca un nuevo sistema político para separar la religión y el Estado, así como para que la gente se sitúe en el centro del poder.

- Durante mucho tiempo, también se interesa por la noción de libertad, que no concibe como un derecho absoluto. Para él, se trata más bien de no estar sometido al poder arbitrario del prójimo, haciendo de este concepto no un poder, sino una relación social. Por consiguiente, el imperio de la ley es lo que hace posible la libertad. Sin embargo, esta debe proscribir cualquier ambigüedad, por lo que debe ser clara, general —debe ser universal y no revelar una voluntad arbitraria hacia cualquiera—, no retroactiva, estable, pública —todo el mundo debe poder conocerla— e igualitaria.

- Locke también desarrolla una visión del capitalismo. Es uno de los primeros pensadores en darse cuenta de que los recursos del planeta son limitados frente al desarrollo económico.
- El impacto de John Locke en la sociedad moderna es considerable: su concepto de separación de los poderes es la base de todas las democracias modernas y, además, sus pensamientos influyen en muchos pensadores como Voltaire, Jean-Jacques Rousseau o Leibniz.

¡Tu opinión nos interesa!
¡Deja un comentario en la página web de tu librería en línea,
y comparte tus favoritos en las redes sociales!

PARA IR MÁS ALLÁ

FUENTES BIBLIOGRÁFICAS

- Brykman, Geneviève. 2008. "Locke (John)". *Encyclopædia Universalis. Corpus*, tomo 14, 632-635. París: Encyclopædia Universalis.
- Cottret, Bernard. 2003. *Histoire d'Angleterre XVIe- XVIIe siècle*. París: PUF.
- de Brabandere, Luc y Stanislas Deprez. 2007. "John Locke". *La Libre Belgique*. 18 de diciembre.
- Lazzeri, Christian. 2007. "Locke (1632-1704): bonheur et obligation morale". *Histoire raisonnée de la philosophie morale et politique*, vol. 1, 431-446. París: Flammarion.
- Le Point. Références. 2012. "Les maîtres de la raison. Les textes fondamentaux". *Le Point. Références*, n.° 41.
- Marx, Roland y Philippe Chassaigne. 2004. *Histoire de la Grande-Bretagne*. París: Perrin.
- Milton, J. R. 2004. "John Locke". *Oxford Dictionary of National Biography*, vol. 34, 216-228. Nueva York: Oxford University Press.
- Morfaux, Louis-Marie y Jean Lefranc. 2007. *Nouveau vocabulaire de la philosophie et des sciences humaines*. París: Armand Colin.
- Nemo, Philippe. 2013. *Histoire des idées politiques aux Temps modernes et contemporains*. París: PUF.
- Nuovo, Victor. s. f. "Locke, John". *Encyclopedia of the Enlightenment*, vol. 2, 427-431. Oxford: Oxford University Press.
- Renaut, Alain. 1999. *Histoire de la philosophie politique*. París: Calmann-Lévy.

- Tremolieres, François. s. f. "Essai sur l'entendement humain. Livre de John Locke". *Encyclopædia Universalis*. Consultado el 13 de junio de 2017. http://www.universalis.fr/encyclopedie/essai-sur-l-entendement-humain/

FUENTES COMPLEMENTARIAS

- Brykman, Geneviève. 2001. *Locke. Idées, langage et connaissance*. París: Ellipses.
- Chatelet, François, Olivier Duhamel y Évelyne Pisier. 2001. *Dictionnaire des œuvres politiques*. París: PUF.
- Conseil Constitutionnel, "Declaración de los Derechos del Hombre y del Ciudadano de 1789". Consultado el 13 de junio de 2017. http://www.conseil-constitutionnel.fr/conseil-constitutionnel/root/bank_mm/espagnol/es_ddhc.pdf
- de Brabandere, Luc y Stanislas Deprez. 2012. "Libéralisme versus Capitalisme". *La Libre Belgique*, 3 de enero.
- Fonbaustier, Laurent. 2004. *John Locke: le droit avant l'État*. París: Michalon.
- Clerget, Philippe, Annie Jourdan, Philippe Joutard y Pierre Serna. 2013. "La Révolution française. Dix années qui ont changé le monde". *Les Collections de l'histoire*, n.° 60.
- Parmentier, Marc. 1999. *Introduction à l'*Essai sur l'entendement humain *de Locke*. París: PUF.
- Parmentier, Marc. 2001. *Le vocabulaire de Locke*. París: Ellipses.
- Spitz, Jean-Fabien. 2001. *John Locke et les fondements de la liberté moderne*. París: PUF.

- Zona tórrida. 1971. *Zona tórrida*. Valencia: Universidad de Carabobo.

FUENTES ICONOGRÁFICAS

- Retrato de John Locke. La imagen reproducida está libre de derechos.
- Retrato de Jacobo I. La imagen reproducida está libre de derechos.
- Grabado del siglo XVIII de Guillermo III y María II, que reciben la Bill of Rights. La imagen reproducida está libre de derechos.
- Retrato de Hugo de Grocio, de 1631. La imagen reproducida está libre de derechos.
- Primera página de la primera edición de la *Carta sobre la tolerancia*. La imagen reproducida está libre de derechos.
- Retrato de Descartes. La imagen reproducida está libre de derechos.
- *Declaración de los Derechos del Hombre y del Ciudadano de 1789*, cuadro de Jean-Jacques-François Le Barbier. La imagen reproducida está libre de derechos.

EDIFICIO CONMEMORATIVO

- Tumba de John Locke, en el cementerio de High Laver, Reino Unido.

¡APRENDER NUNCA ANTES FUE TAN RÁPIDO!

www.en50minutos.es

www.en50Minutos.es

ISBN ebook: 9782806288738

ISBN papel: 9782806288745

Depósito legal: D/2016/12603/716

Cubierta: © Primento

Libro realizado por Primento, el socio digital de los editores